EINFACH GUT

TANJA SCHINDLER (HRSG.)

SÜSSES KLEINGEBÄCK

FALKEN

Inhalt

Zu diesem Buch

Klein aber oho – dies will Ihnen das vorliegende Buch mit seinen vielen Rezeptideen beweisen. Es muß nicht immer eine Torte oder ein großer Kuchen sein, auch die kleinen Köstlichkeiten verführen zum Naschen und Genießen.

Die Rezeptpalette dieses Buches bietet Ihnen einfaches Teegebäck wie zum Beispiel Brioches oder Amerikaner, fruchtige Kreationen, fein gefüllte Gebäcke sowie fritierte Leckereien. Darüber hinaus können Sie anhand des letzten Kapitels einmal ausprobieren, welche Delikatessen sich mit dem vollen Korn zaubern lassen.

Viele Gebäcke können Sie auf Vorrat backen und tiefgekühlt aufbewahren. Auf diese Weise haben Sie im Handumdrehen köstliche Kleinigkeiten zum Kaffee, wenn Sie einmal wenig Zeit zum Backen haben oder wenn sich überraschend Besuch angemeldet hat.

In jedem Rezeptkopf finden Sie die Zubereitungszeit (sie umfaßt Verarbeitungs- und Backzeit), eine Kalorienangabe je Stück und eine Mengenangabe, die Sie über die Stückanzahl, für die das Rezept berechnet ist, informiert. Sonderzeiten, wie z.B. Zeit zum Ruhen oder Zeit zum Gehen werden extra ausgewiesen.

Zu Ihrer Orientierung finden Sie über jedem Rezeptfoto ein Stichwort zur Geschmackscharakteristik und eines zum zeitlichen Gesamtaufwand. Dabei definieren wir:

schnell: Das Gebäck ist in maximal 1/2 Stunde fertig.
braucht Zeit: Das Gebäck ist in maximal 1/2 bis 1 1/2 Stunden fertig.
zeitintensiv: Die Zubereitung des Gebäcks dauert länger als 1 1/2 Stunden.

Die angegebenen Begriffe beziehen die Zubereitungszeit und die Backzeit sämtlicher Gebäcke sowie alle Sonderzeiten mit ein. Die Backtemperaturen beziehen sich auf einen Elektroherd mit Ober- und Unterhitze. Wenn nicht anders angegeben, wird das Gebäck auf der mittleren Einschubleiste gebacken.

Abkürzungen:

EL = Eßlöffel (gestrichen)
TL = Teelöffel (gestrichen)
Msp. = Messerspitze
TK-... = Tiefkühl-...
l = Liter
ml = Milliliter
cl = Zentiliter
kg = Kilogramm
g = Gramm
P. = Päckchen
Btl. = Beutel
Fl. = Flasche
kcal = Kilokalorien
ca. = circa
Min. = Minute(n)
Std. = Stunde(n)
°C = Grad Celsius

Die **Kalorienangaben** beziehen sich immer auf **1 Stück.**

EINFACHES TEEGEBÄCK

Ob zum Frühstück, zum Brunch oder zur Kaffeestunde – diese Rezepte werden Sie begeistern.

Brioches

- Für ca. 10 Stück
- Zubereitungszeit: ca. 1 Std.
- Zeit zum Gehen: ca. 12 Std.
- ca. 240 kcal je Stück

250 g Mehl
1/3 Würfel Hefe (10 g)
2 EL Zucker
3 EL lauwarme Milch
2 Eier
2 Eigelb
1 TL Salz
120 g weiche Butter
Mehl zum Ausrollen
Butter für die Förmchen
1 Eigelb zum Bestreichen

1. Das Mehl in eine Schüssel sieben und eine Mulde hineindrücken. Die Hefe mit 1 Teelöffel Zucker und 2 Eßlöffeln lauwarmer Milch anrühren, in die Vertiefung gießen, mit etwas Mehl verrühren und etwa 10 Minuten an einem warmen Ort gehen lassen. Dann restliche Milch, restlichen Zucker, Eier, Eigelbe, Salz sowie Butter hinzufügen und das Ganze zu einem glatten Teig verkneten. Diesen zu einer Kugel formen, in eine Schüssel legen, mit einem feuchten Küchentuch bedecken und im Kühlschrank etwa 2 Stunden gehen lassen.

2. Dann den Teig kräftig durchschlagen, erneut in die Schüssel geben, mit einem feuchten Tuch bedecken und über Nacht im Kühlschrank gehen lassen.

3. Den Backofen auf 220 °C vorheizen. Den Teig gut durchkneten und auf einer bemehlten Arbeitsfläche zu einer Rolle formen. Diese mit einem scharfen Messer in zehn gleich große Stücke teilen. Von jedem Teigstück ein Viertel abtrennen und alle Stücke jeweils zu einer Kugel formen.

4. Zehn Briocheförmchen ausfetten. Die großen Teigkugeln in die Briocheförmchen legen und jeweils in die Mitte eine Vertiefung drücken. In diese die kleinen Kugeln setzen und sie mit dem Zeigefinger gut andrücken. Die Brioches zugedeckt an einem warmen Ort nochmals gehen lassen, bis sich ihr Volumen fast verdoppelt hat.

5. Das Eigelb mit einem Pinsel glattrühren und die Brioches damit bestreichen. Die Förmchen auf ein Blech setzen, dieses in den Ofen schieben und die Brioches 10 bis 12 Minuten backen. Dann kurz abkühlen lassen und anschließend mit einem spitzen Messer vorsichtig aus den Förmchen lösen.

Tip:
Briocheteig ist ein Hefeteig, der bei niedrigen Temperaturen geht. Durch das langsame Gehen wird das Gebäck feinporig und zart.

ZEITINTENSIV · **LOCKER**

Amerikaner mit Marzipan

- Für ca. 12 Stück
- Zubereitungszeit: ca. 1/2 Std.
- ca. 320 kcal je Stück

Butter für das Blech
100 g weiche Butter
50 g Zucker
1 P. Vanillezucker
175 g Marzipanrohmasse, 2 Eier
75 g Speisestärke (z. B. Mondamin)
175 g Mehl
3 TL Backpulver
abgeriebene Schale
von 1/2 unbehandelten Zitrone
10 EL Milch
150 g Puderzucker
Schokostreusel zum Bestreuen

1. Den Backofen auf 200 °C vorheizen. Ein Blech mit Butter bestreichen. Die Butter in eine Schüssel geben. Zucker, Vanillezucker, 100 g Marzipanrohmasse in Stückchen, Eier, Speisestärke, Mehl, Backpulver, Zitronenschale sowie die Hälfte der Milch hinzufügen.

2. Das Ganze mit den Knethaken eines elektrischen Handrührgeräts auf höchster Stufe etwa 2 Minuten lang verrühren. Vom Teig mit einem Eßlöffel kleine Häufchen abnehmen und diese in ausreichendem Abstand zueinander auf das Blech setzen.

3. Das Blech in den Ofen geben und die Amerikaner etwa 1/4 Stunde backen. Inzwischen die restliche Marzipanrohmasse zusammen mit der restlichen Milch unter Rühren erwärmen und den Puderzucker unter die Masse ziehen.

4. Die Amerikaner auf ein Kuchengitter legen und jeweils die Unterseite mit warmem Marzipanguß bestreichen. Jeweils eine Hälfte mit Schokoladenstreuseln bestreuen.
(auf dem Foto oben)

Nußecken

- Für ca. 40 Stück
- Zubereitungszeit: ca. 40 Min.
- Zeit zum Kühlen: ca. 1 Std.
- ca. 190 kcal je Stück

Für den Teig:
250 g Haferflocken, 200 g Mehl
75 g Zucker, 1 Ei
1 Prise Salz, 250 g weiche Butter
Butter und Haferflocken für das Blech

Für den Belag:
125 g Orangengelee
3 EL Orangenlikör, 125 g Butter
50 g Zucker, 3 EL Sahne
100 g gehackte Haselnüsse
100 g gehackte Walnüsse
125 g Haferflocken

1. Aus den angebenen Teigzutaten einen Mürbeteig herstellen. Diesen zur Kugel formen, in Alu- oder Klarsichtfolie wickeln und für etwa 1 Stunde kühl stellen.

2. Den Backofen auf 200 °C vorheizen. Ein Blech mit Butter bestreichen und mit Haferflocken bestreuen. Den Teig auf einer bemehlten Arbeitsfläche dünn zu einem Rechteck ausrollen und dieses auf das Blech legen. Mit einer Gabel mehrmals einstechen.

3. Orangengelee und -likör erhitzen, gut verrühren und auf den Teigboden streichen. Butter zusammen mit Zucker, Sahne und 2 Eßlöffeln Wasser in einem Topf zum Kochen bringen. Die Nüsse und die Haferflocken hinzufügen, das Ganze verrühren und auf dem Teigboden verteilen. Das Blech in den Ofen geben und alles 15 bis 20 Minuten backen.

4. Die Teigplatte mit einem langen Messer in Quadrate schneiden. Diese dann quer halbieren, so daß Dreiecke entstehen.
(auf dem Foto unten)

SCHNELL · ZART

ZEITINTENSIV · KERNIG

Spanische Mandeltörtchen

- Für ca. 26 Stück
- Zubereitungszeit: ca. 1 Std.
- ca. 170 kcal je Stück

Für die Makronenmasse:
2 Eiweiß
Salz
125 g Zucker
200 g gemahlene Mandeln
4 Tropfen Bittermandelaroma

Für den Biskuitteig:
4 Eier, 2 Eigelb
50 g Zucker
200 g kleingehackte Marzipanrohmasse
2 EL Zitronensaft
2 Msp. abgeriebene Schale einer unbehandelten Zitrone
100 g Mehl (z.B. von Aurora)
2 Msp. Backpulver

Außerdem:
26 Papierbackförmchen (5 cm)
2 EL Mandelblättchen

1. Für die Makronenmasse Eiweiße zusammen mit Salz steif schlagen, dabei den Zucker einrieseln lassen. So lange schlagen, bis eine cremige Masse entsteht. Mandeln und Bittermandelaroma unterheben.

2. Den Backofen auf 175 °C vorheizen. Für den Biskuitteig Eier zusammen mit Eigelben, Zucker und Marzipan in einer Schüssel schaumig schlagen. Etwas Salz und Zitronensaft sowie -schale unterrühren. Mehl mit Backpulver mischen, dazusieben und unterrühren. Den Teig mit einem Schneebesen aufschlagen.

3. Die Backförmchen auf ein Backblech stellen. Jeweils 2 Eßlöffel Teig in die Förmchen füllen, 1 gehäuften Teelöffel Makronenmasse daraufsetzen und jedes Törtchen mit Mandelblättchen bestreuen. Im Ofen in etwa 20 Minuten goldbraun backen.

Aprikosen-Mandel-Pinzen

- Für ca. 8 Stück
- Zubereitungszeit: ca. 1 Std.
- Zeit zum Gehen: ca. $^{3}/_{4}$ Std.
- ca. 620 kcal je Stück

200 g getrocknete Aprikosen
4 EL Aprikosenlikör
500 g Mehl (z.B. von Aurora)
1 Würfel Hefe (30 g)
75 g Zucker
125 ml lauwarme Milch
100 g weiche Butter
1 Prise Salz, 2 Eier
je 1 Msp. Ingwerpulver und abgeriebene Schale einer unbehandelten Zitrone
$^{1}/_{2}$ TL Anispulver
100 g Mandelstifte
Butter für das Blech
1 verquirltes Eigelb zum Bestreichen
2 EL Hagelzucker zum Bestreuen

1. Die Aprikosen in feine Streifen schneiden und in einer Schüssel mit dem Likör mischen. Das Mehl in eine Schüssel sieben und in die Mitte eine Mulde drücken. Die Hefe hineinbröckeln, Zucker sowie 6 Eßlöffel Milch hinzufügen und die Mischung mit etwas Mehl verrühren. Den Vorteig zudecken und an einem warmen Ort $^{1}/_{4}$ Stunde gehen lassen.

2. Restliche Milch, Butter, Salz, Eier sowie Gewürze dazugeben und alles zu einem glatten Teig verkneten. Die Mandelstifte und die Aprikosenstreifen einarbeiten. Zugedeckt nochmals 20 Minuten gehen lassen.

3. Ein Blech mit Backpapier belegen und mit Butter bestreichen. Aus dem Teig 8 Kugeln formen, diese nochmals $^{1}/_{4}$ Stunde gehen lassen. Den Backofen auf 175 °C vorheizen. Jede Kugel dreimal oben einschneiden. Die Pinzen mit Eigelb bestreichen, mit Hagelzucker bestreuen und im Ofen $^{1}/_{2}$ Stunde backen.

Schweizer Nußtörtchen

- Für ca. 25 Stück
- Zubereitungszeit: ca. 1 Std.
- ca. 270 kcal je Stück

200 g Margarine
1 Btl. Orange-back (z. B. von Schwartau)
200 g Zucker
3 Eier
200 g Mehl
3 TL Backpulver
1 EL Kakaopulver
200 g gemahlene Haselnüsse
1 P. Schokotröpfchen
1 Btl. Rum-back (z. B. von Schwartau)
Butter für die Förmchen
1 P. Haselnußglasur
1 P. Schokoladenglasur

1. Den Backofen auf 200 °C vorheizen. Margarine, Orange-back, Zucker sowie Eier in eine Schüssel geben und mit den Quirlhaken eines elektrischen Handrührgeräts schaumig rühren. Mehl, Backpulver sowie Kakaopulver vermischen, dazusieben und unterrühren. Dann die Haselnüsse, die Schokotröpfchen und den Rum unterziehen.

2. 25 kleine Tortenförmchen (ca. 5 cm Ø) mit Butter ausstreichen. Jeweils bis etwa 2 cm unter den Rand mit Teig füllen. Die Förmchen in den Ofen geben und die Törtchen etwa 35 Minuten backen.

3. Die Törtchen jeweils aus der Form stürzen und auf einem Kuchengitter abkühlen lassen. Die Haselnuß- und die Schokoladenglasur getrennt jeweils nach Packungsanweisung erwärmen. Die Törtchen jeweils mit Haselnußglasur überziehen und mit Schokoladenglasur verzieren.
(auf dem Foto oben)

Würzige Marzipanhäppchen

- Für ca. 25 Stück
- Zubereitungszeit: ca. 1 Std.
- ca. 290 kcal je Stück

5 Eier, 200 g Zucker
1 P. Vanillezucker, 250 ml Sojaöl
4 EL Milch, 300 g Mehl
1 P. Backpulver
60 g gemahlene Mandeln
1 EL Kakaopulver, 1 TL Zimtpulver
je 1/4 TL Ingwer-, Nelken- und Pimentpulver
2 EL Rum, Sojaöl für die Form
100 g Marzipanrohmasse
50 g Puderzucker
2 EL Aprikosenkonfitüre
200 g Zartbitterkuvertüre
2 EL Pistazien

1. Den Backofen auf 180 °C vorheizen. Eier, Zucker und Vanillezucker schaumig rühren. Öl und Milch unterrühren. Das Mehl mit dem Backpulver vermischen, dazusieben und mit einem Kochlöffel unterziehen. Mandeln, Kakaopulver, Gewürze und Rum einrühren.

2. Eine Fettpfanne mit Hilfe extrastarker Alufolie auf eine Größe von 32 x 22 cm teilen. Die Folie mit etwas Öl einstreichen. Den Teig einfüllen und etwa 1/2 Stunde backen.

3. Dann aus der Form lösen und abkühlen lassen. Das Marzipan mit dem Puderzucker verkneten und auf die Größe des Kuchenbodens ausrollen. Die Aprikosenkonfitüre erwärmen und auf dem Boden dünn verstreichen. Die Marzipandecke darauflegen.

4. Die Kuvertüre im Wasserbad schmelzen und den Kuchenboden damit überziehen. Mit Pistazien bestreuen und dann in etwa 25 kleine Quadrate schneiden.
(auf dem Foto unten)

BRAUCHT ZEIT · **NUSSIG**

BRAUCHT ZEIT · **WÜRZIG**

Nussige Frühstückshörnchen

- Für ca. 8 Stück
- Zubereitungszeit: ca. 40 Min.
- Zeit zum Gehen: ca. 1 1/2 Std.
- ca. 250 kcal je Stück

250 g Mehl
100 g zarte Haferflocken
(z. B. Blütenzarte Köllnflocken)
1/2 TL Jodsalz
1/2 Würfel Hefe (15 g)
1 TL Zucker
100 ml lauwarme Milch
2 Eier
3 EL weiche Butter
2 EL gemahlene Haselnüsse
Butter für das Blech
1 EL gehackte Haselnüsse
1 EL kernige Haferflocken
(z. B. Kölln Echte Kernige)

1. Das Mehl in eine Schüssel sieben. Haferflocken sowie Salz hinzufügen, das Ganze vermischen und eine Mulde hineindrücken. Die Hefe zusammen mit dem Zucker in der Milch unter Rühren auflösen und die Mischung in die Mulde gießen.

2. Eier, Butter und gemahlene Haselnüsse dazugeben und das Ganze mit den Händen zu einem geschmeidigen Teig verarbeiten. Diesen zugedeckt für 1 Stunde im Kühlschrank ruhen lassen.

3. Den Backofen auf 175 °C vorheizen. Ein Blech mit Butter bestreichen. Den Teig auf einer bemehlten Arbeitsfläche dünn ausrollen und in 8 lange Dreiecke teilen. Die Dreiecke jeweils zu Hörnchen aufrollen und diese auf das Blech setzen.

4. Jedes Hörnchen mit etwas Wasser bestreichen und mit Nüssen sowie Haferflocken bestreuen. Zugedeckt 1/2 Stunde gehen lassen und dann im Ofen etwa 25 Minuten backen.

Nußschnecken

- Für ca. 12 Stück
- Zubereitungszeit: ca. 1/2 Std.
- Zeit zum Gehen: ca. 1/2 Std.
- ca. 420 kcal je Stück

400 g Mehl
1 Würfel Hefe (30 g)
85 g Zucker
250 ml lauwarme Milch
80 g Margarine
1 Prise Salz

Außerdem:
Butter für das Blech
100 g Butter
100 g gemahlene Haselnüsse
50 g Zucker, 1 TL Zimtpulver
80 ml Milch
100 g Rosinen
5 EL Puderzucker

1. Das Mehl in eine Schüssel sieben und in die Mitte eine Mulde drücken. Die Hefe hineinbröckeln, 1 Teelöffel Zucker sowie 6 Eßlöffel Milch hinzufügen und die Mischung mit etwas Mehl verrühren. Mit Mehl bestäuben, zudecken und an einem warmen Ort 10 Minuten gehen lassen. Restlichen Zucker, restliche Milch, Margarine sowie Salz dazugeben und alles zu einem glatten Teig verkneten.

2. Diesen zu einem Rechteck von 50 x 40 cm ausrollen. Ein Blech einfetten. Die restlichen Zutaten außer den Rosinen zusammen in einem Topf erwärmen und die Masse auf den Teig streichen. Die Rosinen darüber verteilen. Die Teigplatte aufrollen und etwa 3 cm dicke Scheiben abschneiden. Diese auf das Blech legen und 20 Minuten gehen lassen.

3. Inzwischen den Backofen auf 175 °C vorheizen. Die Schnecken im Ofen etwa 1/4 Stunde backen. Dann mit Puderzucker bestäuben.

Madeleines

- Für ca. 40 Stück
- Zubereitungszeit: ca. $^1/_2$ Std.
- ca. 80 kcal je Stück

Für den Teig:
150 g Butter
200 g Zucker
1 TL Vanillezucker
1 TL abgeriebene Schale einer unbehandelten Zitrone
1 Prise Salz, 6 Eier
100 g Speisestärke (z.B. Mondamin)
100 g Mehl
1 TL Backpulver
1 EL Orangenblütenwasser

Außerdem:
Butter für die Förmchen
100 g Kuvertüre

1. Die Butter in kleine Stücke schneiden und in einer vorgewärmten Schüssel schaumig schlagen.

2. Den Backofen auf 180 °C vorheizen. Zucker, Vanillezucker, Zitronenschalenabrieb und Salz zur Butter geben und unterrühren. Die Eier einzeln daruntermischen. Speisestärke, Mehl und Backpulver gründlich mischen und dazusieben.

3. Das Ganze rasch zu einem gleichmäßigen Teig verrühren und diesen mit Orangenblütenwasser aromatisieren. Madeleine- oder andere kleine Förmchen ausfetten und jeweils bis zum Rand mit Teig füllen. Die Madeleines im Ofen 10 bis 15 Minuten backen.

4. Nach dem Backen vorsichtig aus den Förmchen lösen und abkühlen lassen. Kuvertüre im Wasserbad schmelzen und die Madeleines mit dem unteren Ende hineintauchen. Auf ein Kuchengitter setzen und trocknen lassen.
(auf dem Foto oben)

Orangenstäbchen

- Für ca. 60 Stück
- Zubereitungszeit: ca. 1 Std.
- ca. 60 kcal je Stück

100 g Marzipanrohmasse
125 g Margarine (z. B. Sanella)
100 g Puderzucker
1 P. Vanillezucker
1 Ei
abgeriebene Schale einer unbehandelten Orange
150 g Mehl
100 g Speisestärke

Außerdem:
100 g Puderzucker
2 EL Kakaopulver
Saft von $^1/_2$ Orange

1. Das Marzipan kleinschneiden und in einer Schüssel mit der Margarine verrühren. Puder- und Vanillezucker, Ei und Orangenschale unterrühren. Das Mehl und die Speisestärke dazusieben und das Ganze zu einem glatten Teig verarbeiten.

2. Den Backofen auf 175 °C vorheizen. Ein Backblech mit Backpapier belegen. Den Teig in einen Spritzbeutel mit glatter Tülle füllen. Jeweils 2 Streifen von etwa 5 cm Länge nebeneinander auf das Blech spritzen und einen dritten obendrauf spritzen. Die Stäbchen im Ofen 12 bis 15 Minuten backen.

3. Auf einem Kuchengitter abkühlen lassen. Den Puderzucker und das Kakaopulver mit dem Orangensaft glattrühren. Den Guß in ein Pergamenttütchen füllen und zickzackförmig auf die Stäbchen geben.
(auf dem Foto unten)

SCHNELL · ZART

BRAUCHT ZEIT · AROMATISCH

FRUCHTIGES VERGNÜGEN

Die Vielfalt an Obstsorten spiegelt sich in diesen Rezepten wider. Sie können sie je nach Geschmack und Saison nach Belieben variieren.

Exotische Mürbeteigschiffchen

- Für ca. 12 Stück
- Zubereitungszeit: ca. 3/4 Std.
- ca. 150 kcal je Stück

Für den Teig:
125 g Mehl
3 EL gemahlene Mandeln
2 EL Kokosraspeln
75 g Margarine (z. B. Rama balance)
75 g Zucker
1 P. Vanillezucker
1 Ei

Für den Belag:
1 große Mango
1 kleine Honigmelone
2 Bananen
2 Mandarinen
1 P. klarer Tortenguß
250 ml Apfelsaft
Pfefferminzblättchen zum Verzieren

1. Den Backofen auf 200 °C vorheizen. Aus den angegebenen Teigzutaten einen geschmeidigen Mürbeteig herstellen. Diesen auf einer bemehlten Arbeitsfläche ausrollen und etwa 12 Schiffchenförmchen jeweils mit Teig auskleiden. Den Teig mit einer Gabel mehrmals einstechen.

2. Die Förmchen in den Ofen geben und die Schiffchen etwa 18 Minuten backen. Dann vorsichtig aus den Formen lösen und auf einem Kuchengitter abkühlen lassen.

3. Die Mango schälen, das Fruchtfleisch mit einem spitzen Messer vom Kern lösen und in Spalten schneiden. Die Melone halbieren, entkernen und das Fruchtfleisch mit einem Kugelausstecher portionsweise von der Schale lösen. Die Bananen schälen und in Scheiben schneiden. Die Mandarinen ebenfalls schälen und jeweils die Filets herauslösen.

4. Die Obststücke auf die Schiffchen verteilen. Den Tortenguß nach Packungsanweisung zusammen mit dem Apfelsaft herstellen. Die Törtchen mit dem Guß überziehen und diesen im Kühlschrank kurz fest werden lassen. Die Schiffchen mit Pfefferminzblättchen verzieren.

Tip:

Für den Belag können Sie auch andere Früchte, zum Beispiel Kiwis und Maracuja (Passionsfrucht) verwenden.

Fruchtige Hefeteilchen

- Für ca. 12 Stück
- Zubereitungszeit: ca. 3/4 Std.
- Zeit zum Gehen: ca. 1 Std.
- ca. 440 kcal je Stück

200 ml lauwarme Milch
80 ml Öl (z. B. Mazola Keimöl)
80 g Zucker
Salz
500 g Mehl
1 Würfel Hefe (30 g)
500 g frische, entsteinte Kirschen
500 g Stachelbeeren

Außerdem:
75 g Mehl
50 g Speisestärke (z. B. Mondamin)
75 g Zucker, 1/2 TL Zimtpulver
75 g weiche Butter
3 EL Kokosraspeln

1. Milch, Öl, Zucker, etwas Salz und Mehl in eine Schüssel geben. Die Hefe gleichmäßig darüberbröckeln. Mit den Knethaken eines Handrührgeräts gut durcharbeiten, bis sich der Teig vom Schüsselrand löst. Zugedeckt etwa 3/4 Stunden gehen lassen.

2. Den Teig nochmals durchkneten und in 12 Stücke teilen. Jedes Stück mit bemehlten Händen zu einem Kreis von etwa 10 cm Ø auseinanderdrücken, dabei einen Rand formen. Auf ein mit Backpapier belegtes Blech setzen. Jeweils mit Kirschen und Stachelbeeren belegen.

3. Den Backofen auf 200 °C vorheizen. Die restlichen Zutaten in einer Schüssel so lange miteinander verkneten, bis sich Streusel bilden. Über die Hefeteilchen streuen und diese nochmals zugedeckt 1/4 Stunde gehen lassen.

4. Die Teilchen im Ofen etwa 25 Minuten backen. Noch warm servieren.

Zimt-Apfel-Törtchen

- Für ca. 4 Stück
- Zubereitungszeit: ca. 3/4 Std.
- ca. 310 kcal je Stück

60 g weiche Butter oder Margarine
50 g Zucker
1 TL Zimtpulver
1 Ei
50 g Speisestärke (z. B. Mondamin)
2 EL Mehl
Butter für die Förmchen
2 kleine Äpfel (z. B. Boskoop)
4 EL Preiselbeeren (aus dem Glas)
5 EL Aprikosenkonfitüre

1. Die Butter oder Margarine stückchenweise in eine Schüssel geben. Zucker, Zimtpulver, Ei, Speisestärke sowie Mehl dazugeben und das Ganze mit den Quirlhaken eines Handrührgeräts auf höchster Schaltstufe etwa 2 Minuten verrühren.

2. Den Backofen auf 180 °C vorheizen. 4 Pieförmchen (10 cm Ø) mit Butter ausstreichen. Den Teig auf die Förmchen verteilen.

3. Die Äpfel schälen, vierteln, vom Kerngehäuse befreien und das Fruchtfleisch in Spalten teilen. Diese jeweils kreisförmig auf dem Teig anordnen und etwas hineindrücken. Jeweils 1 Eßlöffel Preiselbeeren auf die Törtchen geben. Das Gebäck im Ofen 15 bis 20 Minuten backen.

4. Dann aus den Formen lösen und auf ein Kuchengitter setzen. Die Aprikosenkonfitüre glattrühren und die noch warmen Törtchen jeweils damit bestreichen.

Obsttörtchen mit Mascarponecreme

- Für ca. 8 Stück
- Zubereitungszeit: ca. 1 Std.
- ca. 490 kcal je Stück

100 g Marzipanrohmasse
100 g Margarine (z. B. Sanella)
1 Ei, 80 g Zucker, 175 g Mehl
1 TL Backpulver, 1 Prise Salz
Butter für die Förmchen
200 g Mascarpone, 1 P. Vanillezucker
1 TL abgeriebene Schale einer unbehandelten Zitrone
1 Eigelb, 250 g Erdbeeren
2 Kiwis, 2 Bananen
3 frische Feigen, 1 P. klarer Tortenguß
250 ml Apfelsaft

1. Marzipan würfeln und in einer Schüssel zusammen mit Margarine, Ei sowie 5 Eßlöffeln Zucker schaumig rühren. Mehl, Backpulver sowie Salz vermischen, dazusieben und unterrühren.

2. Den Backofen auf 200 °C vorheizen. 8 Torteletttförmchen ausfetten. Je 1 Eßlöffel Teig in die Förmchen geben und im Ofen etwa 18 Minuten backen. Dann die Törtchen aus den Formen lösen und abkühlen lassen.

3. Mascarpone zusammen mit restlichem Zucker, Vanillezucker, Zitronenschale und Eigelb cremig rühren. Die Mascarponecreme auf die Törtchen verteilen und jeweils glattstreichen. Die Erdbeeren waschen, putzen und halbieren. Die Kiwis und die Bananen schälen und in Scheiben schneiden. Die Feigen waschen und längs in Scheiben schneiden.

4. Die Obststücke auf die Törtchen verteilen. Den Tortenguß nach Packungsanweisung zusammen mit Apfelsaft zubereiten und die Früchte damit überziehen.
(auf dem Foto oben)

Aprikosentörtchen

- Für ca. 20 Stück
- Zubereitungszeit: ca. 1 Std.
- ca. 240 kcal je Stück

250 g weiche Butter
5 Eier
250 g Zucker
1 Prise Salz
350 g Mehl
1 kg frische Aprikosen
Puderzucker zum Bestäuben

Außerdem:
20 Papierbackförmchen (10 cm Ø)

1. Die Butter in einer Schüssel schaumig rühren. 4 Eier trennen. 160 g Zucker, die Eigelbe und das Salz unter die Butter rühren. Das übrige Ei dazugeben und unterrühren.

2. Den Backofen auf 180 °C vorheizen. Das Mehl in die Schüssel sieben und gründlich unterrühren. Die Eiweiße zusammen mit dem restlichen Zucker steif schlagen. Ein Drittel des Eischnees unter den Teig rühren, den Rest mit einem Schneebesen unterziehen.

3. Die Aprikosen waschen, abtrocknen, halbieren, entsteinen und das Fruchtfleisch in Spalten schneiden. Den Teig auf die Papierförmchen verteilen und jeweils einige Fruchtspalten hineindrücken. Jeweils mit Puderzucker bestäuben. Die Förmchen auf ein Blech stellen, dieses in den Ofen geben und die Törtchen etwa 1/2 Stunde backen.
(auf dem Foto unten)

BRAUCHT ZEIT · **SAHNIG**

BRAUCHT ZEIT · **ZART**

Hippentörtchen mit Obst

- Für ca. 10 Stück
- Zubereitungszeit: ca. 25 Min.
- Zeit zum Kühlen: ca. 2 Std.
- ca. 240 kcal je Stück

2 Eiweiß
125 g Zucker
75 g Butter
75 g Mehl
500 g gemischte Beeren (Himbeeren, schwarze und rote Johannisbeeren)
250 g Sahne

1. Die Eiweiße gut mit 75 g Zucker vermischen. Die Butter schmelzen, dann abkühlen lassen und lauwarm zusammen mit dem Mehl unter die Eiweiße ziehen. Das Ganze zu einem glatten Teig verrühren und diesen für etwa 2 Stunden kühl stellen.

2. Den Backofen auf 220 °C vorheizen. Auf Backpapier Kreise von 12 cm Ø zeichnen . Den Teig etwa 2 mm dick auf die markierten Stellen geben und im Ofen 2 bis 3 Minuten backen. Jeden Teigkreis noch warm über einem umgestülpten Wasserglas zu einer Tulpenblüte formen und abkühlen lassen.

3. Die Beeren waschen, verlesen bzw. von den Stielen zupfen und mit dem restlichen Zucker mischen. Die Sahne steif schlagen. Die Beeren auf die Hippen verteilen und jedes Törtchen mit Schlagsahne garnieren.

Stachelbeertörtchen mit Crème fraîche

- Für ca. 20 Stück
- Zubereitungszeit: ca. 3/4 Std.
- Zeit zum Kühlen: ca. 1 Std.
- ca. 110 kcal je Stück

60 g Speisestärke (z. B. Mondamin)
100 g Mehl
2 Eier
80 g Zucker
75 g weiche Butter
Butter für die Förmchen
je 150 g rote und grüne Stachelbeeren
100 g Crème fraîche
2 EL Weißwein
Puderzucker zum Bestäuben

1. Etwa 50 g Speisestärke zusammen mit dem Mehl in eine Schüssel sieben. Ein Ei, 5 Eßlöffel Zucker und die Butter dazugeben. Das Ganze mit den Knethaken eines elektrischen Handrührgeräts zu einem glatten Teig verarbeiten und diesen für 1 Stunde kühl stellen.

2. Etwa 20 runde Förmchen (7 cm Ø) ausfetten. Den Teig auf einer bemehlten Arbeitsfläche dünn ausrollen und die Förmchen jeweils damit auskleiden. Den Teig mit einer Gabel mehrmals einstechen.

3. Den Backofen auf 180 °C vorheizen. Die Stachelbeeren waschen, trockentupfen und auf die Förmchen verteilen. Die Crème fraîche mit restlicher Speisestärke, restlichem Zucker, übrigem Ei und Weißwein verrühren.

4. Die Masse jeweils über den Früchten verteilen. Die Törtchen in den Ofen geben und etwa 25 Minuten backen. Dann abkühlen lassen und mit Puderzucker bestäuben.

Zitronenmuffins mit Datteln

- Für ca. 12 Stück
- Zubereitungszeit: ca. 3/4 Std.
- ca. 130 kcal je Stück

250 g Haferkleie
3 EL feingehackte Mandeln
3 EL feingewürfelte Datteln
1 EL Backpulver
2 EL brauner Zucker
Saft und abgeriebene Schale von
1/2 unbehandelten Zitrone
250 ml Milch
2 EL Pflanzenöl
2 Eiweiß
12 Papierbackförmchen (ca. 6 cm Ø)
2 EL Puderzucker
etwas Zitronensaft

1. Den Backofen auf 220 °C vorheizen. Haferkleie zusammen mit Mandeln, Datteln, Backpulver sowie Zucker in eine Schüssel geben und darin vermischen. Dann Zitronensaft und -schale untermengen.

2. Milch, Öl und Eiweiß verrühren. Die Mischung zur Haferkleiemasse geben und rasch aber gründlich vermengen. Die Papierbackförmchen auf ein Blech stellen und jeweils etwas Teig hineinfüllen. Die Muffins im Ofen 15 bis 18 Minuten backen.

3. In der Zwischenzeit den Puderzucker mit etwas Zitronensaft glattrühren. Die Muffins nach dem Backen damit einpinseln und das Gebäck abkühlen lassen.
(auf dem Foto: links)

Tip:
Haferkleie erhalten Sie in Reformhäusern und in Bioläden.

Früchtetarteletts mit Zitronencreme

- Für ca. 12 Stück
- Zubereitungszeit: ca. 3/4 Std.
- Zeit zum Ruhen: ca. 3/4 Std.
- ca. 280 kcal je Stück

Für den Mürbeteig:
150 g Mehl, 50 g Zucker, 1 Prise Salz
abgeriebene Schale von
1/2 unbehandelten Zitrone
ausgekratztes Mark von
1/2 Vanilleschote, 100 g Butter, 1 Ei
Butter für die Förmchen

Außerdem:
65 g Butter, 65 g Zucker
Saft und abgeriebene Schale
einer unbehandelten Zitrone
1 Ei, 1 Kiwi, 1 Tamarillo, 1 kleine Mango
12 Physalis (Kapstachelbeeren)
4–5 EL geschlagene Sahne
80 g Beeren der Saison
250 ml Weißwein, 2 EL Puderzucker
1 P. klarer Tortenguß

1. Aus den Teigzutaten einen Mürbeteig herstellen, diesen für 1/2 Stunde kühl stellen. 12 Förmchen (10 cm Ø) ausfetten. Butter zusammen mit Zucker, Zitronensaft und -schale zum Kochen bringen. Ei einrühren, die Masse durch ein Sieb streichen und kühl stellen. Den Teig 2 mm dick ausrollen und 12 Kreise von 12 cm Ø ausstechen. Diese in die Förmchen geben und 1/4 Stunde kühl stellen. Backofen auf 180 °C vorheizen.

2. Die Tarteletts etwa 1/4 Stunde backen. Dann stürzen. Früchte schälen und kleinschneiden. Sahne unter die Creme ziehen. Auf den Tarteletts verteilen und mit Früchten belegen. Weißwein und Zucker erhitzen, Tortenguß einrühren und die Früchte damit überziehen.
(auf dem Foto: rechts)

Rumtopftörtchen

- Für ca. 12 Stück
- Zubereitungszeit: ca. 1/2 Std.
- ca. 100 kcal je Stück

60 g weiche Butter oder Margarine
50 g Zucker
1/2 P. Vanillezucker
1 Ei
50 g Speisestärke (z. B. Mondamin)
3 EL Mehl
1/4 TL Backpulver
80 g abgetropfte Rumtopffrüchte
Aprikosenkonfitüre zum Bestreichen

Außerdem:
12 Papierbackförmchen (10 cm Ø)

1. Den Backofen auf 180 °C vorheizen. Die Butter oder Margarine stückchenweise in eine Schüssel geben. Zucker, Vanillezucker, Ei, Speisestärke, Mehl und Backpulver in die Schüssel geben.

2. Das Ganze mit den Quirlhaken eines elektrischen Handrührgeräts etwa 2 Minuten auf höchster Schaltstufe verrühren. Die Rumtopffrüchte kleinschneiden und unter den Teig mischen. In jedes Papierbackförmchen etwa 2 Teelöffel Teig füllen.

3. Die Förmchen auf ein Blech setzen, dieses in den Ofen geben und die Törtchen 15 bis 20 Minuten backen. Dann vorsichtig aus den Förmchen stürzen und auf einem Kuchengitter kurz abkühlen lassen.

4. Die Aprikosenkonfitüre glattrühren und die noch warmen Rumtopftörtchen jeweils damit bestreichen.

Himbeer-Sahne-Törtchen

- Für ca. 15 Stück
- Zubereitungszeit: ca. 1 Std.
- ca. 310 kcal je Stück

300 g Mehl
1 Ei
100 g Zucker
200 g Margarine
1 Btl. Rum-back
(z.B. von Schwartau)
200 g Halbbitterkuvertüre
(z. B. von Schwartau)
200 g Sahne
6 EL Himbeersauce
(Fertigprodukt aus der Flasche)
Schokoblättchen zum Verzieren
(z. B. von Schwartau)

1. Den Backofen auf 200 °C vorheizen. Das Mehl in eine Schüssel sieben. Ei, Zucker, Margarine und Rum-back hinzufügen. Das Ganze mit den Knethaken eines elektrischen Handrührgeräts zu einem glatten Teig verarbeiten. Den Teig auf einer bemehlten Arbeitsfläche dünn ausrollen und 15 Kreise von 10 cm Ø ausstechen. 15 Törtchenformen (ca. 8 cm Ø) damit auslegen.

2. Die Törtchen im Ofen etwa $^1/_4$ Stunde backen. Dann vorsichtig aus den Förmchen stürzen und auf einem Kuchengitter kurz abkühlen lassen. Die Kuvertüre im Wasserbad schmelzen, die Törtchen damit überziehen und auf Pergamentpapier trocknen lassen.

3. Für die Füllung die Sahne steif schlagen. Etwa 3 Eßlöffel Himbeersauce darunterziehen. Die Masse jeweils in die Törtchen füllen. Jeweils etwas Himbeersauce daraufgeben und jedes Törtchen mit Schokoblättchen bestreuen. Vor dem Servieren kühl stellen.

GEFÜLLTE KÖSTLICH-KEITEN

In diesem Kapitel finden Sie Rezepte für Klassiker wie Windbeutel oder Liebesknochen, aber auch viele neue Rezeptideen.

Liebesknochen mit Quarkcreme

- Für ca. 16 Stück
- Zubereitungszeit: ca. 1 1/4 Std.
- ca. 220 kcal je Stück

50 g Butter, 180 g Mehl
4–6 Eier
2 Msp. Backpulver
500 g Magerquark
ausgekratztes Mark einer Vanilleschote
1 Fl. Vanillesahnesauce
(z. B. von Schwartau)
3–4 Blätter weiße Gelatine
150 g Sahne, 1 P. Vanillezucker
350 g Sauerkirschen (aus dem Glas)
1 EL Speisestärke
Zucker nach Geschmack
Puderzucker zum Bestäuben

1. Den Backofen auf 225 °C vorheizen. Die Butter zusammen mit 250 ml Wasser in einem Topf zum Kochen bringen. Den Topf vom Herd nehmen, das Mehl hinzufügen und das Ganze zu einem glatten Kloß rühren. Dann bei milder Hitze 1 Minute rühren. In eine Schüssel geben und die Eier einzeln einarbeiten. Das Backpulver unterrühren.

2. Ein Blech mit Backpapier belegen. Den Teig in einen Spritzbeutel mit großer Sterntülle füllen und etwa 6 cm lange Streifen auf das Blech spritzen. Die Liebesknochen 25 bis 30 Minuten backen, dann jeweils mit einer Küchenschere einen Deckel abschneiden und das Gebäck abkühlen lassen.

3. Für die Füllung Quark, Vanillemark, Zucker und Vanillesahnesauce in einer Schüssel verrühren. Die Gelatine einweichen, nach Packungsanweisung auflösen, kurz abkühlen lassen und unter den Quark ziehen. Die Sahne zusammen mit dem Vanillezucker steif schlagen, unter den Quark rühren und diesen kühl stellen.

4. Die Sauerkirschen abtropfen lassen, dabei den Saft auffangen. 1/8 Liter Saft abnehmen, erhitzen und mit der Speisestärke binden. Die Kirschen dazugeben, die Masse nach Geschmack zuckern und abkühlen lassen.

5. In die untere Hälfte der Liebesknochen jeweils 2 Teelöffel Kirschen füllen. Die Quarkcreme in einen Spritzbeutel geben und jeweils einen Streifen der Masse auf die Kirschen spritzen. Auf jedes Stück den Deckel aufsetzen und es mit Puderzucker bestäuben.

BRAUCHT ZEIT · **CREMIG**

Windbeutel mit Mandarinensahne

- Für ca. 12 Stück
- Zubereitungszeit: ca. 1 Std.
- ca. 260 kcal je Stück

60 g Butter
1 Prise Salz
180 g Mehl
5 Eier
1 TL Backpulver
400 g Sahne
1–2 P. Vanillezucker
1 P. Sahnesteif
2 EL Mandarinenfilets (aus der Dose)
1 P. dunkle Kuchenglasur
(z. B. von Schwartau)

1. Backofen auf 200 °C vorheizen. Butter zusammen mit Salz sowie 250 ml Wasser in einem Topf zum Kochen bringen. Den Topf vom Herd nehmen, das Mehl hinzufügen und das Ganze zu einem glatten Kloß rühren. Dann bei milder Hitze 1 Minute rühren. In eine Schüssel geben und die Eier einzeln einarbeiten. Das Backpulver unterrühren.

2. Ein Blech mit Backpapier belegen. Den Teig in einen Spritzbeutel mit großer Sterntülle füllen und nicht zu kleine Teigtupfer auf das Blech spritzen. Die Windbeutel 25 bis 30 Minuten backen. Dann sofort mit einer Küchenschere jeweils einen Deckel abschneiden. Abkühlen lassen.

3. Die Sahne zusammen mit Vanillezucker und Sahnesteif steif schlagen. Die Masse in einen Spritzbeutel mit Sterntülle geben, die Windbeutel jeweils damit füllen und auf die Sahne jeweils einige Mandarinenfilets legen.

4. Auf jedes Stück den Deckel aufsetzen. Die Kuchenglasur nach Packungsanweisung zubereiten und die Windbeutel jeweils damit überziehen.

Kokoswindbeutel mit Fruchtsauce

- Für ca. 12 Stück
- Zubereitungszeit: ca. $1^1/_2$ Std.
- ca. 240 kcal je Stück

60 g Butter, 1 Prise Salz, 150 g Mehl
4 EL Zucker, 5 Eier, 50 g Kokosraspeln
2 Btl. Rum-back (z. B. von Schwartau)
250 g Sahne, 1 P. Vanillezucker
200 g Passionsfrüchte (Maracuja)
Kumquatscheiben (Zwergorangenscheiben) zum Verzieren

1. Backofen auf 220 °C vorheizen. Butter zusammen mit Salz sowie 250 ml Wasser zum Kochen bringen. Vom Herd nehmen, Mehl hinzufügen und das Ganze zu einem glatten Kloß rühren. Einen Eßlöffel Zucker und 4 Eier einzeln einarbeiten. Kokosraspeln und 1 Beutel Rumback unterrühren.

2. Ein Blech mit Backpapier belegen. Den Teig mit Hilfe von 2 Teelöffeln als kleine Häufchen auf das Blech geben. Auf ausreichenden Abstand achten. Das übrige Ei mit etwas Wasser verquirlen und die Häufchen damit bestreichen. Im Ofen 10 Minuten backen, dann bei 170 °C nochmals etwa 25 Minuten backen. Dann sofort mit einer Küchenschere jeweils einen Deckel abschneiden. Abkühlen lassen.

3. Sahne zusammen mit 1 Eßlöffel Zucker und Vanillezucker steif schlagen. Zweiten Beutel Rum-back unterziehen und die Windbeutel mit der Masse füllen. Jeweils den Deckel aufsetzen. Passionsfrüchte halbieren und das Fruchtfleisch durch ein Sieb passieren. Restlichen Zucker zusammen mit 125 ml Wasser aufkochen, kurz abkühlen lassen und mit dem Fruchtmus verrühren. Die Windbeutel zusammen mit der Fruchtsauce servieren und alles mit Kumquatscheiben verzieren.

Nußhörnchen

- Für ca. 10 Stück
- Zubereitungszeit: ca. $^{3}/_{4}$ Std.
- ca. 270 kcal je Stück

1 P. TK-Blätterteig (450 g)
2 Eier
110 g Zucker
100 g gehackte Haselnüsse
(z. B. von Schwartau)
1 Btl. Rum-back
(z. B. von Schwartau)
1–2 EL gehobelte Haselnüsse

1. Den Blätterteig nach Packungsanweisung auftauen lassen. Jede Scheibe quer halbieren und die kleinen Quadrate jeweils wieder zu einem Rechteck ausrollen.

2. Den Backofen auf 200 °C vorheizen. Ein Backblech mit Backpapier belegen. Die Eier trennen. Die Eigelbe zusammen mit 100 g Zucker schaumig rühren. Die Nüsse und das Rum-back unterrühren.

3. Die Eiweiße steif schlagen und mit einem Schneebesen unterziehen. Die Füllung auf die Teigrechtecke verteilen und diese jeweils zu einem Hörnchen zusammenrollen. Mit der Nahtstelle nach unten auf das Blech legen und die Enden jeweils etwas zusammendrücken.

4. Die Hörnchen mit etwas kaltem Wasser bestreichen. Den restlichen Zucker mit den gehobelten Haselnüssen vermischen und das Gebäck damit bestreuen. Im Ofen in 20 bis 25 Minuten goldgelb backen.
(auf dem Foto oben)

Mince Pies

- Für ca. 20 Stück
- Zubereitungszeit: ca. 1 $^{1}/_{2}$ Std.
- ca. 330 kcal je Stück

300 g Butter, 150 g Zucker, 2 Eier
500 g Mehl, 1 Prise Salz
175 g gewürfelte Äpfel
175 g Sultaninen, 75 g Korinthen
3 EL Margarine, 75 g brauner Zucker
1 TL Zimtpulver
je $^{1}/_{2}$ TL Nelken- und Muskatnußpulver
100 ml Rum, Saft und abgeriebene Schale einer unbehandelten Zitrone

Außerdem:
Butter für das Blech
Eiweiß zum Bepinseln
Puderzucker zum Bestäuben

1. Aus Butter, Zucker, Eiern, Mehl und Salz einen Knetteig herstellen und diesen kühl stellen. Für die Füllung die übrigen Zutaten zusammen in einem Topf erhitzen und bei milder Hitze offen etwa $^{1}/_{2}$ Stunde köcheln lassen. Dabei ab und zu umrühren. Dann abkühlen lassen.

2. Den Backofen auf 225 °C vorheizen. Den Teig auf einer bemehlten Arbeitsfläche ausrollen und runde Plätzchen von 8 cm Ø ausstechen. Ein Blech einfetten. Die Hälfte der Plätzchen daraufsetzen und jeweils 1 Teelöffel Füllung daraufgeben.

3. Aus den übrigen Plätzchen kleine Sternchen ausstechen und die Ränder jeweils mit Eiweiß bepinseln. Zusammen mit den Teigresten als Deckel auf die runden Plätzchen setzen, jeweils leicht zusammendrücken und mit Eiweiß bestreichen. Die Pies im Ofen 25 Minuten backen. Abkühlen lassen und dann mit Puderzucker bestäuben.
(auf dem Foto unten)

BRAUCHT ZEIT · **NUSSIG**

BRAUCHT ZEIT · **AROMATISCH**

Mohnhörnchen

- Für ca. 15 Stück
- Zubereitungszeit: ca. 3/4 Std.
- Zeit zum Gehen: ca. 1/2 Std.
- ca. 180 kcal je Stück

250 g Mehl
1 P. Trockenhefe
150 g zerlassene Butter
50 g Zucker
1 P. Vanillezucker
1 Ei
1 Eigelb
4 EL lauwarme Milch
1 Prise Salz
4 EL Mohnback (Fertigprodukt)
1 Eigelb zum Bestreichen

1. Das Mehl in eine Schüssel sieben und alle Zutaten bis auf das Mohnback dazugeben. Das Ganze mit den Quirlhaken eines elektrischen Handrührgeräts zu einem geschmeidigen, glatten Teig verarbeiten. Diesen zugedeckt an einem warmen Ort etwa 1/2 Stunde gehen lassen.

2. Den Backofen auf 200 °C vorheizen. Den Teig nochmals durchkneten. Dann auf einer bemehlten Arbeitsfläche dünn ausrollen und etwa 15 Quadrate (6 x 6 cm) ausradeln.

3. Auf jedes Quadrat etwas Mohnback geben und die Teigstücke jeweils von Ecke zu Ecke zu Hörnchen aufrollen. Ein Backblech mit Backpapier belegen. Die Hörnchen auf das Blech geben und mit verquirltem Eigelb bestreichen.

4. In den Ofen geben und etwa 20 Minuten backen. Dann auf einem Kuchengitter abkühlen lassen.

Gefüllte Sahnewaffeln

- Für ca. 25 Stück
- Zubereitungszeit: ca. 3/4 Std.
- ca. 210 kcal je Stück

250 g weiche Butter
80 g Zucker
1 Btl. Citro-back (z. B. von Schwartau)
4 Eigelb
100 g Mehl
100 g Speisestärke
2 TL Backpulver
200 g Sahne
4 Eiweiß
1 P. Vanillezucker
Fett für das Waffeleisen
120 g Erdbeerkonfitüre
1 P. dunkle Kuchenglasur (z. B. von Schwartau)
1 P. Zitronenglasur (z. B. von Schwartau)

1. Butter zusammen mit Zucker und Citroback schaumig rühren. Die Eigelbe unterrühren. Mehl, Speisestärke sowie Backpulver vermischen, durchsieben und abwechselnd mit der Sahne unter die Butter-Zucker-Masse rühren. Die Eiweiße zusammen mit Vanillezucker steif schlagen und unterziehen.

2. Ein Waffeleisen erhitzen und mit etwas Fett einstreichen. Etwa 2 Eßlöffel Teig auf das Eisen geben, etwas glattstreichen, das Eisen schließen und die Waffel goldgelb backen. Diesen Vorgang wiederholen, bis der gesamte Teig aufgebraucht ist. Die Waffeln auf einem Kuchengitter abkühlen lassen.

3. Aus jeder Waffel ein Herz ausschneiden. Die Erdbeerkonfitüre glattrühren und die Hälfte der Herzen damit bestreichen. Dunkle Glasur und Zitronenglasur nach Packungsanweisung zubereiten. Die restlichen Herzen mit dunkler Glasur überziehen und mit Zitronenglasur verzieren. Die Herzen jeweils zusammensetzen.

Blätterteigkissen

- Für ca. 10 Stück
- Zubereitungszeit: ca. 3/4 Std.
- ca. 390 kcal je Stück

2 P. TK-Blätterteig (à 450 g)
250 g Quark (20 % Fett)
abgeriebene Schale einer unbehandelten Zitrone
1 EL Zitronensaft, 50 g Zucker
3 EL gemahlene Haselnüsse
50 g Rosinen, Eiweiß zum Bepinseln
Puderzucker zum Bestäuben

1. Den Blätterteig nach Packungsanweisung auftauen lassen. Inzwischen Quark, Zitronenschale sowie -saft, Zucker, Nüsse und Rosinen verrühren.

2. Backofen auf 220 °C vorheizen. Die Teigplatten auf je 12 x 15 cm ausrollen, jeweils den Quark auf die eine Seite häufen, den Rand mit Eiweiß bepinseln und die andere Teighälfte darüberklappen. Am Rand gut zusammendrücken.

3. Auf einem kalt abgespülten Blech in den Ofen geben und in 20 bis 25 Minuten goldbraun backen. Mit Puderzucker bestäuben.
(auf dem Foto: oben)

Kaiserkragen

- Für ca. 5 Stück
- Zubereitungszeit: ca. 1 Std.
- ca. 400 kcal je Stück

1 P. TK-Blätterteig (450 g)
50 g Johannisbeerkonfitüre
50 g Puderzucker

1. Den Blätterteig nach Packungsanweisung auftauen lassen. Dann je 2 Teelöffel Konfitüre in die Mitte der Teigplatten geben. Diese der Länge nach zusammenklappen. Den Rand befeuchten und auf der verschlossenen Seite jeweils fünfmal einschneiden.

2. Das Gebäck mehrmals mit einem Holzstäbchen einstechen und auf einem kalt abgespülten Blech 1/4 Stunde ruhen lassen. Inzwischen den Backofen auf 220 °C vorheizen. Die Kaiserkragen 20 bis 25 Minuten backen.

3. Den Puderzucker mit 1 Eßlöffel Wasser glattrühren und das noch warme Gebäck mit dem Guß bestreichen.
(auf dem Foto: Mitte)

Marzipantaschen

- Für ca. 15 Stück
- Zubereitungszeit: ca. 3/4 Std.
- ca. 260 kcal je Stück

2 P. TK-Blätterteig (à 450 g)
200 g Marzipanrohmasse
50 g Puderzucker
4 EL Kirschwasser, 1 Ei

1. Den Blätterteig nach Packungsanweisung auftauen lassen. Inzwischen die Marzipanrohmasse mit dem Puderzucker und dem Kirschwasser vermengen.

2. Den Teig ausrollen und 15 Kreise von etwa 12 cm Ø ausstechen. Auf eine Hälfte jedes Kreises einen Teelöffel Marzipanmasse geben. Das Ei trennen und die Kreisränder jeweils mit Eiweiß bepinseln. Die Kreise zusammenklappen und am Rand festdrücken.

3. Den Backofen auf 200 °C vorheizen. Das Eigelb mit etwas Wasser verquirlen und die Marzipantaschen damit bestreichen. Mit Teigresten verzieren und diese ebenfalls mit Eigelb bepinseln. Auf ein kalt abgespültes Blech setzen und im Ofen etwa 25 Minuten backen.
(auf dem Foto: unten)

Pistazientörtchen

- Für ca. 8 Stück
- Zubereitungszeit: ca. 1 1/2 Std.
- ca. 280 kcal je Stück

Butter für die Form
2 Eier
2 EL lauwarmes Wasser
85 g Zucker
1 Btl. Citro-back (z. B. von Schwartau)
50 g Mehl
50 g Speisestärke
1 Prise Salz
1 P. Vanillezucker
3 Blätter weiße Gelatine
250 g Sahne
1 Btl. gehackte Pistazien (z. B. von Schwartau)
125 g Puderzucker
1 EL Zitronensaft

1. Den Backofen auf 175 °C vorheizen. Eine Springform (28 cm Ø) ausfetten. Eier trennen, Eigelbe zusammen mit Wasser schaumig schlagen. Dabei nach und nach 75 g Zucker einrieseln lassen. Die Masse cremig rühren.

2. Die Eiweiße steif schlagen und zusammen mit Citro-back, Mehl, Speisestärke, Salz sowie Vanillezucker unterziehen. Die Masse in die Form füllen und etwa 25 Minuten backen.

3. Die Gelatine einweichen. Sahne zusammen mit restlichem Zucker steif schlagen. Gelatine nach Packungsanweisung auflösen und mit zwei Dritteln der Pistazien untermengen. Die Masse im Kühlschrank fest werden lassen.

4. Den Biskuit in Quadrate oder Sterne (je ca. 6 cm groß) schneiden. Jedes Stück einmal quer durchschneiden und mit Pistaziensahne füllen. Puderzucker mit Zitronensaft glattrühren und die Stücke mit dem Guß überziehen. Mit den restlichen Pistazien bestreuen.

Englische Muffins

- Für ca. 24 Stück
- Zubereitungszeit: ca. 1 $^{3}/_{4}$ Std.
- Zeit zum Gehen: ca. 50 Min.
- ca. 170 kcal je Stück

500 g Mehl
1 P. Trockenhefe
4 EL Zucker
1 Prise Salz
1 P. Vanillezucker
1 Btl. Citro-back (z. B. von Schwartau)
250 ml lauwarme Milch
60 g zerlassene, flüssige Butter
1 Ei
Butter für die Förmchen
1 verquirltes Eigelb zum Bestreichen
200 g Konfitüre nach Geschmack
dunkle Kuchenglasur und Vollmilchglasur (z. B. von Schwartau) zum Verzieren

1. Das Mehl und die Trockenhefe in eine Schüssel sieben. Zucker, Salz, Vanillezucker und Citro-back daruntermischen. Milch, Butter sowie Ei hinzufügen und das Ganze zu einem geschmeidigen Teig verarbeiten. Diesen zu einer Kugel formen und zugedeckt an einem warmen Ort etwa $^{1}/_{2}$ Stunde gehen lassen, bis sich sein Volumen verdoppelt hat.

2. Kleine Förmchen (ca. 5 cm Ø) ausfetten. Aus dem Teig mit bemehlten Händen Kugeln formen, diese in die Förmchen geben und nochmals 20 Minuten gehen lassen. Inzwischen den Backofen auf 200 °C vorheizen. Die Muffins mit verquirltem Eigelb bestreichen und 18 bis 20 Minuten backen.

3. Anschließend auf einem Kuchengitter abkühlen lassen. Das Gebäck jeweils halbieren und die Hälften mit Konfitüre nach Geschmack bestreichen. Wieder zusammensetzen. Dunkle Kuchenglasur und Vollmilchglasur getrennt im Wasserbad schmelzen und die Muffins damit verzieren.

Schwarzwälder Kirschtörtchen

- Für ca. 12 Stück
- Zubereitungszeit: ca. 1 1/4 Std.
- ca. 370 kcal je Stück

60 g Margarine, 120 g Mehl, 4 Eier
1 Prise Salz, 1 EL Zucker
150 g Vollmilchkuvertüre
(z. B. von Schwartau)
150 g Sauerkirschkonfitüre
(z. B. von Schwartau)
700 g entsteinte Sauerkirschen
(aus dem Glas)
400 g Sahne, 1 P. Vanillezucker
1 P. Sahnesteif
50 g geraspelte Vollmilchschokolade
Zartbitterschoko Dekor Blätter

1. Margarine zusammen mit 250 ml Wasser in einem Topf zum Kochen bringen. Vom Herd nehmen, Mehl hinzufügen und das Ganze zu einem glatten Kloß rühren. In eine Schüssel geben und die Eier einzeln einarbeiten. Salz und Zucker unterrühren.

2. Backofen auf 220 °C vorheizen. Ein Blech mit Backpapier belegen. Den Teig in einen Spritzbeutel mit Sterntülle füllen und 12 etwa 10 cm lange Streifen auf das Blech spritzen. Im Ofen etwa 35 Minuten backen. Noch heiß jeweils waagrecht durchschneiden.

3. Kuvertüre im Wasserbad schmelzen lassen und die oberen Teighälften damit überziehen. Die unteren Hälften mit Konfitüre bestreichen. Kirschen abtropfen lassen, jeweils auf der Konfitüre verteilen, dabei 12 Stück zum Verzieren aufheben. Sahne zusammen mit Vanillezucker und Sahnesteif steif schlagen. Mit Hilfe eines Spritzbeutels auf die Kirschen spritzen und mit Raspelschokolade bestreuen. Jedes Stück mit 1 Kirsche und Dekorblättchen verzieren. Restliche Hälften daraufsetzen.
(auf dem Foto oben)

Gefüllte Biskuittaschen

- Für ca. 15 Stück
- Zubereitungszeit: ca. 1 Std.
- ca. 120 kcal je Stück

6 Eier
230 g Zucker
1 Prise Salz
180 g Mehl
1 TL Backpulver
Zucker für das Tuch
300 g Himbeeren
600 g Sahne
2 P. Vanillezucker

1. Den Backofen auf 180 °C vorheizen. Die Eier trennen. Die Eigelbe zusammen mit 6 Eßlöffeln kaltem Wasser schaumig rühren. Dabei 170 g Zucker einrieseln lassen. Die Masse cremig schlagen. Die Eiweiße zusammen mit Salz steif schlagen und den Eischnee auf die Masse geben. Mehl sowie Backpulver dazusieben und alles mit einem Schneebesen vorsichtig vermischen.

2. Ein Blech mit Backpapier belegen. Jeweils 3 bis 4 Eßlöffel Teig daraufgeben und glattstreichen. Dabei auf ausreichenden Abstand achten. Den Teig im Ofen etwa 10 Minuten backen. Ein Küchentuch mit Zucker bestreuen, den Teig daraufstürzen, das Backpapier abziehen und die Taschen mit Hilfe des Tuches zusammenklappen. Den restlichen Teig ebenso verarbeiten.

3. Die Himbeeren verlesen und waschen. Die Sahne zusammen mit restlichem Zucker und Vanillezucker steif schlagen. Die Himbeeren unterheben und die Biskuittaschen jeweils mit der Masse füllen. Bis zum Servieren in den Kühlschrank stellen.
(auf dem Foto unten)

BRAUCHT ZEIT · FEIN

BRAUCHT ZEIT · SAHNIG

FRITIERTE LECKERBISSEN

Auf den folgenden Seiten präsentieren wir Ihnen Berliner, Mutzen & Co. Karneval wäre ohne diese Köstlichkeiten fast unvorstellbar.

Bunte Berliner

- Für etwa 16 Stück
- Zubereitungszeit: ca. 50 Min.
- Zeit zum Gehen: ca. 1 1/4 Std.
- ca. 280 kcal je Stück

500 g Mehl
75 g Zucker
abgeriebene Schale von 1/2 unbehandelten Zitrone
1 Würfel Hefe (30 g)
250 ml lauwarme Milch
50 g Margarine (z.B. Sanella)
1 Ei
1 Prise Salz
3 EL Aprikosenkonfitüre
100 g Marzipanrohmasse
Pflanzenfett zum Fritieren
200 g Puderzucker
Saft von 1 Zitrone

Außerdem:
Kokosraspeln
gemahlene Pistazien
Zuckerperlen

1. Das Mehl in eine Schüssel sieben und in die Mitte eine Mulde hineindrücken. Zucker und Zitronenschalenabrieb in die Mulde geben. Die Hefe mit 6 Eßlöffeln Milch verrühren und dazugießen. Zugedeckt an einem warmen Ort etwa 10 Minuten gehen lassen.

2. Inzwischen die Margarine in der restlichen lauwarmen Milch auflösen. Ei und Salz hinzufügen und das Ganze gut verquirlen. Die Mischung zum Vorteig geben. Das Mehl nach und nach vom Rand mit beiden Händen unter den Vorteig arbeiten, bis ein geschmeidiger Teig entsteht. Zugedeckt an einem warmen Ort etwa 1/2 Stunde gehen lassen.

3. Den Teig auf einer bemehlten Arbeitsfläche nochmals kräftig durchkneten. Dann etwa fingerdick ausrollen. Mit einem Ausstechförmchen 16 Kreise von etwa 8 cm Ø ausstechen. Diese mit einem Küchentuch bedecken und nochmals an einem warmen Ort 1/2 Stunde gehen lassen.

4. Für die Füllung die Aprikosenkonfitüre durch ein Sieb in einen Topf streichen, leicht erhitzen und dann mit der Marzipanrohmasse vermengen. In eine Tortenspritze geben.

5. Das Fritierfett in einem großen Topf oder in einer Friteuse auf 170 °C erhitzen. Die Berliner darin von beiden Seiten jeweils etwa 3 Minuten offen goldbraun ausbacken. Auf Küchenkrepp gut abtropfen lassen und dann mit Hilfe der Tortenspritze jeweils mit der Aprikosen-Marzipan-Masse füllen.

6. Den Puderzucker mit dem Zitronensaft glattrühren. Die Berliner damit an der Oberseite bestreichen und nach Belieben mit Kokosraspeln, Pistazien oder Zuckerperlen bestreuen. Frisch servieren.

Tip:
Sie können die Berliner auch mit Nußnougatmasse oder mit Sauerkirschmarmelade füllen.

ZEITINTENSIV · FEIN

Apfelkrapfen

- Für etwa 40 Stück
- Zubereitungszeit: ca. 1/2 Std.
- Zeit zum Gehen: ca. 3/4 Std.
- ca. 90 kcal je Stück

1 Würfel Hefe (30 g)
250 ml lauwarme Milch
100 g Zucker, 500 g Mehl, 1 Prise Salz
60 g zerlassene, flüssige Margarine (z. B. Sanella)
1 Ei
abgeriebene Schale einer unbehandelten Zitrone
3 große, mürbe Äpfel
Pflanzenfett zum Fritieren
Puderzucker zum Bestäuben

1. Die Hefe in die Milch bröckeln und die Mischung zusammen mit etwas Zucker und 1 Eßlöffel Mehl gut verrühren. Restliches Mehl in eine Schüssel sieben und in die Mitte eine Mulde drücken. Die Hefemischung hineingießen, restlichen Zucker und das Salz darüberstreuen.

2. Die Margarine dazugeben. Das Ei verquirlen und zusammen mit der Zitronenschale hinzufügen. Das Ganze mit den Händen zu einem glatten Teig verarbeiten. Diesen zu einer Kugel formen und zugedeckt an einem warmen Ort 1/2 Stunde gehen lassen.

3. Inzwischen die Äpfel schälen, halbieren, vom Kerngehäuse befreien und das Fruchtfleisch fein würfeln. Die Würfel unter den Teig arbeiten und diesen nochmals 1/4 Stunde gehen lassen.

4. Reichlich Fritierfett in einem Topf auf etwa 170 °C erhitzen. Vom Teig mit Hilfe von 2 Eßlöffeln kleine Krapfen abstechen und diese jeweils 2 bis 3 Minuten fritieren. Auf Küchenkrepp abtropfen lassen und dann mit Puderzucker bestäuben.

Nussige Spritzkuchen

- Für etwa 25 Stück
- Zubereitungszeit: ca. 1 Std.
- ca. 160 kcal je Stück

160 g Butter
1 EL Zucker
1 Prise Salz
175 g Mehl
6 Eier
200 g feingehackte Haselnüsse
Pflanzenfett zum Fritieren
Pergamentpapier
Puderzucker zum Bestäuben

1. Butter zusammen mit Zucker, Salz und 500 ml Wasser in einem Topf zum Kochen bringen. Den Topf vom Herd nehmen, Mehl hinzufügen und das Ganze zu einem glatten Kloß rühren. In eine Schüssel geben und die Eier einzeln einarbeiten. Die Haselnüsse unterrühren.

2. Reichlich Fritierfett in einem Topf auf etwa 175 °C erhitzen. Den Teig in einen Spritzbeutel mit Sterntülle füllen. Etwa 25 jeweils 10 cm breite Pergamentpapierstreifen zurechtschneiden. Die Streifen kurz in das Fett tauchen und jeweils einen kleinen Teigring daraufspritzen. Dann jeden Ring mitsamt dem Papier in das Fett halten und den Ring heruntergleiten lassen.

3. Die Spritzkuchen portionsweise unter Wenden etwa 7 Minuten von beiden Seiten goldbraun fritieren. Auf Küchenkrepp abtropfen lassen und dann mit Puderzucker bestäuben.

Quarkbällchen

- Für etwa 12 Stück
- Zubereitungszeit: ca. 1/2 Std.
- ca. 120 kcal je Stück

2 EL Margarine
50 g Zucker
1 P. Vanillezucker
1 Ei
abgeriebene Schale einer unbehandelten Zitrone
1/2 TL Salz
250 g Magerquark
2 TL Backpulver
125 g Mehl
Pflanzenfett zum Fritieren
Zucker und Zimtpulver nach Geschmack zum Bestreuen

1. Margarine, Zucker, Vanillezucker und Ei mit den Quirlhaken eines elektrischen Handrührgeräts schaumig rühren. Zitronenschale, Salz und Magerquark unterrühren. Das Backpulver mit dem Mehl vermischen, beides dazusieben und dann unter den Teig mischen.

2. Reichlich Fritierfett in einem Topf auf etwa 175 °C erhitzen. Vom Teig mit Hilfe von 2 Eßlöffeln etwa 12 kleine Klößchen abstechen und diese im Fett etwa 5 Minuten fritieren. Dann auf Küchenkrepp abtropfen lassen.

3. Zucker und Zimtpulver nach Geschmack vermischen und die noch warmen Quarkbällchen mit der Mischung bestreuen oder darin wälzen.
(auf dem Foto oben)

Tip:
Nach Belieben können Sie unter den Teig noch 2 Eßlöffel Sultaninen mischen.

Schnelle Krapfen

- Für etwa 18 Stück
- Zubereitungszeit: ca. 1/2 Std.
- ca. 190 kcal je Stück

100 g Margarine
50 g Zucker
3 Eier
1 Prise Salz
2 TL Backpulver
350 g Mehl
75 g Rosinen
Pflanzenfett zum Fritieren
Zucker und Zimtpulver nach Geschmack zum Bestreuen

1. Margarine, Zucker, Eier und Salz mit den Quirlhaken eines elektrischen Handrührgeräts schaumig rühren. Das Backpulver mit dem Mehl vermischen und durchsieben. Das Mehl eßlöffelweise abwechselnd mit 125 ml kaltem Wasser unter den Teig rühren. Zuletzt die Rosinen unterheben.

2. Reichlich Fritierfett in einem Topf auf etwa 175 °C erhitzen. Vom Teig mit Hilfe von 2 Eßlöffeln etwa 18 kleine Klößchen abstechen und diese im Fett 5 bis 6 Minuten fritieren. Dann auf Küchenkrepp abtropfen lassen.

3. Zucker und Zimtpulver nach Geschmack vermischen und die noch warmen Krapfen mit der Mischung bestreuen oder darin wälzen.
(auf dem Foto unten)

SCHNELL · LOCKER

SCHNELL · ZART

Rahmküchle

- Für etwa 20 Stück
- Zubereitungszeit: ca. 3/4 Std.
- Zeit zum Ruhen: ca. 1 Std.
- ca. 130 kcal je Stück

3 Eigelb
3 EL Crème fraîche
1 EL Vanillezucker
1 Prise Salz
100 g Mehl
500 g Butterschmalz zum Fritieren
Puderzucker zum Bestäuben

1. Eigelbe, Crème fraîche , Vanillezucker und Salz mit den Quirlhaken eines elektrischen Handrührgeräts schaumig rühren. Das Mehl durchsieben und eßlöffelweise unter den Teig rühren. Diesen etwa 1 Stunde ruhen lassen.

2. Den Teig auf einer bemehlten Arbeitsfläche portionsweise dünn ausrollen und Kreise (ca. 8 cm Ø) bzw. Dreiecke ausstechen oder ausschneiden.

3. Das Butterschmalz in einem Topf auf etwa 175 °C erhitzen. Die Küchle portionsweise darin in etwa 20 Minuten hellbraun fritieren. Dann auf Küchenkrepp abtropfen lassen. Noch warm mit Puderzucker bestäuben.

Tip:
Dazu paßt Johannisbeerkompott.

Feine Obstkrapfen

- Für etwa 15 Stück
- Zubereitungszeit: ca. 3/4 Std.
- Zeit zum Gehen: ca. 40 Min.
- ca. 240 kcal je Stück

50 g Rosinen
4 EL Rum
500 g Mehl
1 P. Trockenhefe
1 TL abgeriebene Schale einer unbehandelten Zitrone
1 P. Vanillezucker
50 g Zucker
1 Prise Salz
250 ml lauwarme Milch
50 g Sukkade (kandierte Zitronenschale)
250 g gewürfeltes Obst (Äpfel, Birnen, Kirschen, Aprikosen, Ananas etc.)
Pflanzenfett zum Fritieren

1. Die Rosinen in eine Schüssel geben, den Rum darüberträufeln und die Rosinen im Alkohol ziehen lassen. Das Mehl in eine Schüssel sieben. Die Trockenhefe darüberstreuen. Zitronenschale, Vanillezucker, Zucker, Salz und Milch dazugeben.

2. Das Ganze mit den Knethaken eines elektrischen Handrührgeräts zu einem glatten Teig verkneten. Diesen zur Kugel formen und zugedeckt an einem warmen Ort 1/2 Stunde gehen lassen.

3. Dann die Rosinen mitsamt dem Rum sowie das gewürfelte Obst unter den Teig kneten. Den Teig nochmals 10 Minuten gehen lassen. Dann kräftig durchschlagen.

4. Reichlich Pflanzenfett in einem Topf auf 175 °C erhitzen. Vom Teig mit Hilfe von 2 Eßlöffeln etwa 15 Klößchen abstechen und diese im Fett in etwa 10 Minuten goldgelb fritieren. Auf Küchenkrepp abtropfen lassen und noch warm servieren.

Große Mutzen

- Für etwa 32 Stück
- Zubereitungszeit: ca. 1/2 Std.
- Zeit zum Kühlen: ca. 1/2 Std.
- ca. 90 kcal je Stück

375 g Mehl
2 TL Backpulver
100 g Zucker
1 Prise Salz
1 TL abgeriebene Schale einer unbehandelten Zitrone
100 g Margarine (z. B. Sanella)
2 Eier
2 EL saure Sahne
Pflanzenfett zum Fritieren (z. B. Biskin)
Puderzucker zum Bestäuben

1. Mehl, Backpulver, Zucker, Salz und Zitronenschale auf einem Backbrett oder auf einer Arbeitsfläche vermischen. Die Margarine dazugeben und die Mischung mit einer Palette durchhacken. Die Eier mit der sauren Sahne verquirlen, zur Mehlmischung geben und das Ganze mit den Händen rasch zu einem Teig verarbeiten. Diesen in Folie wickeln und für 1/2 Stunde kühl stellen.

2. Den Teig auf einer bemehlten Arbeitsfläche etwa 1 cm dick ausrollen und die Teigplatte in 7 cm lange Rauten schneiden.

3. Reichlich Pflanzenfett in einem großen Topf auf 170 °C erhitzen und die Mutzen darin portionsweise von beiden Seiten in etwa 4 Minuten goldbraun ausbacken. Auf Küchenkrepp abtropfen lassen und dann mit Puderzucker bestäuben.
(auf dem Foto oben)

Safranzöpfe

- Für etwa 10 Stück
- Zubereitungszeit: ca. 1/2 Std.
- Zeit zum Gehen: ca. 40 Min.
- ca. 410 kcal je Stück

125 g Rosinen, 4 EL Rum, 500 g Mehl
1 Prise Salz, 1 TL Safranpulver
1 P. Vanillezucker
1 EL abgeriebene Schale einer unbehandelten Zitrone
1 Würfel Hefe (30 g)
175 ml lauwarme Milch
75 g zerlassene, flüssige Butter, 2 Eier
Pflanzenfett zum Fritieren
Zucker und Zimtpulver zum Wenden

1. Die Rosinen im Rum einweichen. Das Mehl in eine Schüssel sieben. Salz, Safranpulver, Vanillezucker sowie Zitronenschale dazugeben. Die Hefe in die Milch bröckeln, damit verrühren und die Mischung 10 Minuten ruhen lassen. Dann zum Mehl geben. Butter und Eier hinzufügen.

2. Das Ganze mit den Knethaken eines elektrischen Handrührgeräts zu einem glatten Teig verkneten. Nun die Rosinen mitsamt dem Rum unterkneten. Den Teig zugedeckt an einem warmen Ort 1/2 Stunde gehen lassen.

3. Den Teig auf einer bemehlten Arbeitsfläche etwa 2 cm dick ausrollen. Davon lange Streifen abschneiden und jeweils 3 Streifen zu einem Zopf verflechten.

4. Reichlich Pflanzenfett in einem großen Topf auf 175 °C erhitzen und die Safranzöpfe darin portionsweise von beiden Seiten in etwa 10 Minuten goldbraun ausbacken. Auf Küchenkrepp abtropfen lassen. Zucker mit Zimtpulver vermischen und die Zöpfe in der Mischung wenden.
(auf dem Foto unten)

BRAUCHT ZEIT · LOCKER

BRAUCHT ZEIT · FEIN

AUS DEM VOLLEN KORN

Dieses Kapitel zeigt Ihnen, was die Vollkornbackstube zu bieten hat. Sie werden begeistert sein.

Hefeigel

- Für etwa 15 Stück
- Zubereitungszeit: ca. 3/4 Std.
- Zeit zum Gehen: ca. 1 1/4 Std.
- ca. 230 kcal je Stück

200 g Joghurt (1, 5 % Fett)
1 Würfel Hefe (30 g)
1 TL Meersalz
250 g Weizenvollkornmehl
250 g Sonnenblumenkerne
Butter für das Blech
2 Eigelb
120 g Mandelstifte
2 EL Sesamsaat
2 EL ungeschwefelte Rosinen

1. Den Joghurt leicht erwärmen und in eine Tasse geben. Die Hefe hineinbröckeln und zusammen mit dem Salz mit dem Joghurt verrühren. Diese Mischung an einem warmen Ort $^{1}/_{2}$ Stunde ruhen lassen.

2. Vom Weizenvollkornmehl etwa 3 Eßlöffel zum Ausarbeiten abnehmen. Das restliche Mehl in eine große Schüssel geben. Die Hälfte der Sonnenblumenkerne fein mahlen, die übrigen Kerne zum Mehl geben.

3. Die Joghurtmischung hinzufügen und das Ganze zu einem glatten Teig verkneten. Diesen zugedeckt an einem warmen Ort 20 Minuten gehen lassen.

4. Eine Arbeitsfläche mit dem abgenommenen Mehl bestreuen. Den Teig darauf in etwa 15 Stücke teilen. Diese oval formen, dabei das „Igelgesicht" spitz zulaufen lassen. Ein Blech einfetten und die Igel daraufsetzen.

5. Die Eigelbe verquirlen und das Gebäck mit der Mischung bestreichen. Mit Mandelstiften, Sesamsaat und Rosinen verzieren. Dann nochmals 20 Minuten gehen lassen.

6. Inzwischen den Backofen auf 200 °C vorheizen. Das Blech in den Ofen geben und die Igel etwa 20 Minuten backen.

ZEITINTENSIV · ZART

Gefüllte Hörnchen

- Für etwa 20 Stück
- Zubereitungszeit: ca. 3/4 Std.
- Zeit zum Einweichen: ca. 3 Std.
- Zeit zum Gehen: ca. 3/4 Std.
- ca. 190 kcal je Stück

Für die Aprikosenfüllung:
150 g getrocknete, ungeschwefelte Aprikosen
100 g gemahlene Haselnüsse
1/4 TL ausgekratztes Mark einer Vanilleschote
50 g Sahne

Für den Teig:
500 g feingemahlener Weizen
40 g Hefe
200 ml lauwarme Milch
50 g weiche Butter, 1 Ei
80 g flüssiger Honig
1/4 TL ausgekratztes Mark einer Vanilleschote
abgeriebene Schale von 1/2 unbehandelten Zitrone

Für die Nußfüllung:
200 g gemahlene Haselnüsse
50 g Sahne
1/2 TL Zimtpulver
2 EL flüssiger Honig
2 Eiweiß

Für die Rosinenfüllung:
100 g ungeschwefelte Rosinen
100 g Mandelsplitter
1/2 TL Zimtpulver
2 EL flüssiger Honig

Außerdem:
Butter für das Blech
1 Eigelb

1. Für die Aprikosenfüllung die Aprikosen kleinschneiden und für etwa 3 Stunden in Wasser einweichen. Danach überschüssiges Einweichwasser abgießen und die Aprikosen mit den restlichen Zutaten für die Füllung vermischen.

2. Für den Teig das Mehl in eine große Schüssel geben. Die Hefe in die Milch bröckeln, darin auflösen und zusammen mit Butter, Ei, Honig, Vanillemark sowie Zitronenschale zum Mehl geben.

3. Das Ganze mit den Händen oder den Knethaken eines elektrischen Handrührgeräts zu einem glatten Teig verarbeiten, der nicht mehr kleben sollte. Diesen zur Kugel formen und zugedeckt an einem warmen Ort 3/4 Stunden gehen lassen.

4. In der Zwischenzeit die anderen Füllungen zubereiten. Für die Haselnußfüllung Haselnüsse, Sahne, Zimtpulver und Honig verrühren. Die Eiweiße steif schlagen und unter die Masse ziehen. Für die Rosinenfüllung die Rosinen grob hacken und in einer Schüssel mit den übrigen Zutaten vermengen.

5. Den Hefeteig nochmals durchkneten und dann auf einer bemehlten Arbeitsfläche dünn ausrollen. Aus der Teigplatte Quadrate von 10 x 10 cm ausradeln oder ausschneiden. Jedes Quadrat nochmals halbieren, so daß jeweils 2 Dreiecke entstehen.

6. In die Mitte der Dreiecke jeweils 1 Teelöffel Füllung geben, die Dreiecke wie ein Hörnchen aufrollen und dabei an der Spitze fest andrücken. Abwechselnd eine der drei Füllungen in die Dreiecke geben.

7. Ein Backblech einfetten und die Hörnchen daraufsetzen. Das Eigelb mit etwas Wasser verquirlen und die Hörnchen damit bestreichen. Dann nochmals 5 Minuten gehen lassen. Anschließend in den kalten Backofen schieben und bei 200 °C 20 bis 25 Minuten backen.

Süße Schnecken

- Für etwa 6 Stück
- Zubereitungszeit: ca. 3/4 Std.
- Zeit zum Kühlen: ca. 1/2 Std.
- ca. 330 kcal je Stück

200 g feingemahlenes Dinkelmehl
1 TL Backpulver
60 g weiche Butter
1 Prise Salz
1 kleines Ei
2 EL flüssiger Honig
1 Msp. abgeriebene Schale einer unbehandelten Zitrone
100 g Quark (20 % Fett)
100 g gemahlener Mohnsamen
4 EL saure Sahne
12 dünne Mandelstifte

1. Das Mehl und das Backpulver auf einem Backbrett vermischen. Die Butter in einer Schüssel zusammen mit Salz, Ei und 1 Eßlöffel Honig schaumig rühren. Die Zitronenschale und den Quark unterrühren. Die Butter-Quark-Masse zum Mehl geben und das Ganze zu einem glatten Teig verkneten. Diesen in Folie wickeln und für 1/2 Stunde kühl stellen.

2. Den Mohnsamen mit der sauren Sahne und dem restlichen Honig verrühren. Den Backofen auf 200 °C vorheizen. Ein Backblech mit Backpapier belegen.

3. Den Teig auf einer bemehlten Arbeitsfläche zu einem 1,5 cm dicken Rechteck ausrollen, mit der Mohncreme bestreichen und von der einen Seite her aufrollen. Die Rolle in 6 Scheiben schneiden, ein Stück von jeder Rolle abrollen, so daß kleine Schnecken entstehen und diese auf das Blech legen.

4. Die Schnecken auf der mittleren Einschubleiste des Ofens etwa 1/4 Stunde backen. Die Mandelstifte als Fühler in die Schneckenköpfe stecken.

Vollkornwaffeln

- Für etwa 4 Stück
- Zubereitungszeit: ca. 1/2 Std.
- Zeit zum Gehen: ca. 40 Min.
- ca. 220 kcal je Stück

100 g Weizenvollkornmehl
1/4 Würfel Hefe
2 TL Honig
125 ml lauwarme Milch
3 EL Butter
1 Msp. Zimtpulver
1 kleines Ei
1 TL Sonnenblumenöl für das Waffeleisen
100 g Quark (20 % Fett)
Saft von 1/2 Zitrone
100 g frische Erdbeeren

1. Das Mehl in eine Schüssel geben und in die Mitte eine Mulde drücken. Die Hefe hineinbröckeln, die Hälfte des Honigs und einen Teil der Milch hinzufügen. Die Zutaten in der Mulde zu einem dicken Brei verrühren und diesen etwa 10 Minuten zugedeckt an einem warmen Ort gehen lassen.

2. Sobald sich der Vorteig verdoppelt hat, restliche Milch, Butter, Zimtpulver sowie Ei dazugeben und das Ganze zu einem glatten Teig verarbeiten. Diesen nochmals etwa 1/2 Stunde zugedeckt an einem warmen Ort ruhen lassen.

3. Dann in vier gleich große Stücke teilen. Ein Waffeleisen erhitzen, mit Öl bestreichen und die vier Teigstücke jeweils zu Waffeln backen.

4. Den Quark mit Zitronensaft und restlichem Honig glattrühren, in einen Spritzbeutel füllen und die Creme als Muster auf die Waffeln spritzen. Die Erdbeeren waschen, putzen, halbieren und auf dem Quark verteilen.

Obsttörtchen

- Für etwa 12 Stück
- Zubereitungszeit: ca. 3/4 Std.
- Zeit zum Kühlen: ca. 1/2 Std.
- ca. 260 kcal je Stück

125 g weiche Butter
2 EL flüssiger Honig
1 Ei
1/4 TL ausgekratztes Mark einer Vanilleschote
200 g gemahlener Dinkel
50 g gemahlene Mandeln
1 TL Weinsteinbackpulver
Butter für die Formen
1 kg Beeren oder Obst der Saison
250 ml naturtrüber, ungesüßter Apfelsaft
1 TL Agar-Agar (pflanzliches Bindemittel)

1. Butter zusammen mit 1 Eßlöffel Honig, Ei und Vanillemark schaumig rühren. Dinkel, Mandeln sowie Weinsteinbackpulver dazugeben und das Ganze zu einem weichen Teig verkneten.

2. 10 bis 12 Tortelettförmchen (10 cm Ø) ausfetten und jeweils 1 gehäuften Eßlöffel Teig hineingeben. Den Teig mit einem nassen Löffel glattstreichen und mit einer Gabel mehrmals einstechen. Für 1/2 Stunde kühl stellen. Dann in den kalten Backofen schieben und bei 200 °C 20 bis 25 Minuten backen.

3. Kurz abkühlen lassen, mit einem spitzen Messer aus den Formen lösen und abkühlen lassen. Die Beeren oder das Obst verlesen, putzen und waschen. Die Törtchen jeweils damit belegen. Den Apfelsaft mit dem Agar-Agar und dem restlichen Honig glattrühren. Die Mischung zum Kochen bringen, 2 Minuten sprudelnd kochen, dann etwas abkühlen lassen. Die Törtchen mit dem Guß überziehen.
(auf dem Foto oben)

Osternestchen

- Für etwa 12 Stück
- Zubereitungszeit: ca. 1 Std.
- ca. 180 kcal je Stück

150 g Quark (20 % Fett)
5 EL Milch
6 EL Öl
75 g Zucker
1 P. Vanillezucker
1 Prise Salz
300 g Weizenvollkornmehl
1 P. Backpulver
1 EL Öl für das Blech
2 EL Kondensmilch
bunte Ostereier nach Belieben

1. Den Backofen auf 200 °C vorheizen. Den Quark in einem Küchentuch gut ausdrücken und dann in eine Schüssel geben. Milch, Öl, Zucker, Vanillezucker sowie Salz hinzufügen und das Ganze mit den Quirlhaken eines elektrischen Handrührgeräts verrühren.

2. Das Mehl zusammen mit dem Backpulver dazusieben und den Teig etwa 1 Minute gut durchrühren. Aus dem Teig mit nassen Händen 24 kleine Kugeln formen. Jede Kugel zu einer fingerdicken, etwa 25 cm langen Rolle formen. Jeweils zwei Rollen zu einer Kordel verdrehen und diese zu einem Kreis legen. Jeweils die Enden zusammendrücken.

3. Ein Blech mit Öl bepinseln und die Nestchen daraufsetzen. Mit Kondensmilch bestreichen. Das Blech in den Ofen geben und das Gebäck etwa 1/4 Stunde backen. Dann abkühlen lassen und nach Belieben jeweils in die Mitte 1 buntes Osterei setzen.
(auf dem Foto unten)

BRAUCHT ZEIT · **FRISCH**

BRAUCHT ZEIT · **VOLLWERTIG**

Apfeltaschen

- Für etwa 20 Stück
- Zubereitungszeit: ca. 1 Std.
- Zeit zum Gehen: ca. $^3/_4$ Std.
- ca. 170 kcal je Stück

1 Rezept süßer Hefeteig (siehe Seite 54)
300–400 g Äpfel
1–2 EL Zitronensaft
1 TL Zimtpulver
50 g ungeschwefelte Rosinen
50 g Sonnenblumenkerne
50 g Haselnüsse
Butter für das Blech
1 verquirltes Eigelb zum Bestreichen

1. Einen süßen Hefeteig, wie auf Seite 54 beschrieben, zubereiten und diesen zugedeckt an einem warmen Ort etwa $^3/_4$ Stunden gehen lassen.

2. Die Äpfel schälen, halbieren, vom Kerngehäuse befreien, grob in eine Schüssel reiben und sofort mit dem Zitronensaft beträufeln. Anschließend mit Zimtpulver, Rosinen, Sonnenblumenkernen und Haselnüssen gründlich vermischen.

3. Den Hefeteig nochmals gut durchkneten. Dann dünn ausrollen und 40 Quadrate von 7 x 7 cm ausradeln oder -schneiden. Ein Blech einfetten und 20 Quadrate daraufsetzen. Jeweils 1 gut gehäuften Eßlöffel Füllung in die Mitte geben, dabei den Rand freilassen. Die anderen Quadrate als Deckel darüberlegen, die Ränder fest zusammendrücken.

4. Die Taschen mit verquirltem Eigelb bestreichen. In den kalten Backofen schieben und bei 200 °C 25 bis 30 Minuten backen.
(auf dem Foto: oben)

Schnecken

- Für etwa 20 Stück
- Zubereitungszeit: ca. $^1/_2$ Std.
- Zeit zum Gehen: ca. 1 Std.
- ca. 180 kcal je Stück

1 Rezept süßer Hefeteig (siehe Seite 54)
100 g ungeschwefelte Rosinen
100 g Mandelsplitter
$^1/_2$ TL Zimtpulver
2 EL flüssiger Honig
50 g Sahne
Butter für das Blech
1 Eigelb

1. Einen süßen Hefeteig, wie auf Seite 54 beschrieben, zubereiten und diesen zugedeckt an einem warmen Ort etwa $^3/_4$ Stunden gehen lassen.

2. Für die Füllung Rosinen, Mandelsplitter, Zimtpulver, Honig und Sahne in einer Schüssel vermischen.

3. Den Hefeteig nochmals gut durchkneten und etwa $^1/_2$ cm dick zu einem Rechteck ausrollen. Die Füllung darauf verstreichen und das Rechteck von der Längsseite her aufrollen. Ein Blech einfetten. Von der Teigrolle etwa 2 cm dicke Scheiben abschneiden und diese auf das Blech geben.

4. Das Eigelb mit 1 Eßlöffel Wasser verquirlen und die Schnecken mit der Mischung bestreichen. Nochmals 10 Minuten gehen lassen. Dann in den kalten Backofen schieben und bei 200 °C 20 bis 25 Minuten backen.
(auf dem Foto: unten)

BRAUCHT ZEIT · **KNUSPRIG**

Gefüllte Hefekugeln

- Für etwa 16 Stück
- Zubereitungszeit: ca. 1 Std.
- Zeit zum Gehen: ca. $^3/_4$ Std.
- ca. 180 kcal je Stück

1 Würfel Hefe (30 g)
250 ml lauwarme Milch
150 g flüssiger Honig
600 g Weizenvollkornmehl
2 kleine Eier, 1 Prise Salz
1 TL gemahlene Vanille (Reformhaus)
2 säuerliche Äpfel, Saft von 1 Zitrone
3 EL Butter, 1 TL Zimtpulver
50 g ungeschwefelte Rosinen
50 g gehackte Haselnüsse
3 EL Sanddornsaft
Öl für die Fettpfanne

1. Die Hefe in die Milch bröckeln, 1 Eßlöffel Honig dazugeben, den Ansatz gut verrühren und an einem warmen Ort 10 bis 12 Minuten gehen lassen. Das Mehl in eine Schüssel sieben und eine Mulde hineindrücken. Ansatz, restlichen Honig, Eier, Salz und Vanille hineingeben. Das Ganze zu einem glatten Teig verarbeiten. Zugedeckt an einem warmen Ort etwa $^3/_4$ Stunden gehen lassen.

2. Die Äpfel schälen, halbieren, vom Kerngehäuse befreien, in dünne Scheiben schneiden und sofort mit dem Zitronensaft beträufeln. In der Butter weich dünsten und dann mit Zimtpulver, Rosinen, Haselnüssen und Sanddornsaft vermischen.

3. Backofen auf 190 °C vorheizen. Den Teig nochmals gut durchkneten und in 16 gleich große Stücke teilen. Diese jeweils zu einer Kugel formen, flachdrücken, etwas Füllung daraufgeben und wieder zu einer Kugel rollen. Eine Fettpfanne mit Öl ausstreichen, die Kugeln mit ausreichendem Abstand zueinander hineinsetzen und etwa $^1/_2$ Stunde backen.

Rezeptverzeichnis

Dieses Buch gehört zu einer Kochbuchreihe, die die beliebtesten Themen aus dem Bereich Essen und Trinken aufgreift. Sie erhalten die Titel überall dort, wo es Bücher gibt. Sie finden uns im Internet: www.falken.de

Bei diesem Buch handelt es sich um eine überarbeitete Ausgabe des bereits unter dem Titel „Süßes Kleingebäck" (1636) erschienenen Buches.

Dieses Buch wurde auf chlorfrei gebleichtem und säurefreiem Papier gedruckt.

ISBN 3 8068 2348 0

Umschlaggestaltung: Peter Udo Pinzer
Gestaltungskonzeption: Christa Johanna Gramm
Redaktion: Birgit Wenderoth
Umschlagfotos: vorne außen: **FALKEN Archiv**: (Rezept: Hippentörtchen mit Obst, S. 22); vorne innen: **FALKEN Archiv**: (Rezepte: Zitonenmuffins mit Datteln und Früchtetarteletts mit Zitronencreme, S. 24); hinten außen: **FALKEN Archiv**: (Rezept: Obsttörtchen, S. 58)
Fotos: Seite 8, 9: **AURORA MÜHLEN GmbH, Weinheim**; Seite 43, 44, 45, 51 oben: **Biskin**; Seite 48: **CMA Butterschmalz, Bonn**; Seite 11 unten: **Informationsbüro Sojaöl, Hamburg**; Seite 7 unten, 12: **Peter Kölln, Köllnflockenwerke, Elmshorn**; Seite 7 oben, 15 oben, 18, 19, 23, 26: **KNORR/MAIZENA MARKENARTIKEL, Heilbronn**; Seite 17: **Rama balance**; Seite 15 unten, 21 oben: **Sanella**; Seite 11 oben, 27, 29, 30, 31, 33 oben, 35, 38, 39, 41 oben: **Schwartauer Werke GmbH & Co., Bad Schwartau**; alle anderen Fotos: **FALKEN Archiv**
Produktion: Dr. Reitter & Partner GmbH, Vaterstetten
Satz: Dr. Reitter & Partner GmbH, Vaterstetten
Druck: Offizin Andersen Nexö, Leipzig

016360196X817 2635 4453 62